MOSQUÉE D'ALLA-EDDIN, A KONIA.

KONIA ANCIEN ET MODERNE (1)

I

Tout au sud-est de la Phrygie montagneuse (ἡ παρώρειος Φρυγία) et faisant partie de son territoire au sens ethnique ou par suite de conquêtes préhistoriques, Xénophon, dans l'*Anabase*, et Cicéron, dans les *Épîtres familières,* placent la ville d'Ikonion ou Iconium (Ἰκόνιον), peuplée, bien bâtie, assise près d'un lac, riche, belle et pittoresque. Elle avait, disaient les légendes phrygiennes, été fondée, on ignorait à quelle époque, par le roi mythique Annakos ou Nannakos, et c'était là, ajoutait la tradition, le premier établissement de l'homme sur la terre ferme après le grand déluge (2). Sous la domination des Perses en Asie Mineure, elle forma le centre d'une région importante. Plus tard, elle devint la capitale de la Lycaonie, grâce à sa situation au milieu de ce pays renommé par ses troupeaux de moutons. La Lycaonie avait pour bornes, avec des limites qui changèrent souvent, la Galatie, la Cappadoce, la Cilicie, la Pisidie, la Phrygie proprement dite. Ses habitants (Λυκαονίοι)

(1) Voir Kiepert, *Lehrbuch der Alten Geographie* (Dietrich Reimer, 1877, 1re partie, p. 104).

(2) Ce mythe du grand déluge, que l'on retrouve à l'origine de tous les peuples d'Orient et qui correspond à la tradition arménienne et à l'événement rapporté par la Genèse, s'explique en ce qui concerne Ikonion par les inondations presque annuelles au printemps à la suite des grandes crues des lacs lycaoniens et principalement de ceux de Konia (C. S.)

se prétendaient issus de Nyktimos, le seul des cinquante enfants du roi d'Arcadie qui survécut, grâce à Gaia, au massacre qu'en fit Jupiter pour se venger de l'outrage dont ils s'étaient rendus coupables en lui servant, à leur table les membres d'un enfant égorgé par eux (1). Tite-Live et Strabon considéraient les Lycaoniens comme autochtones et vantaient leur habileté à manier l'arc et leur vaillance à la guerre. La Lycaonie, suivant ces mêmes écrivains, était défendue au nord par le Taurus; à l'intérieur, ses vastes plateaux se chamarraient de petits lacs saumâtres entourés de marécages que des ruisseaux reliaient entre eux (2). Au nord-est jusqu'au fleuve Halys (3) s'étendaient des plaines salées, un vrai steppe dépourvu de tout arbre (ἡ ἄξυλος χώρα) avec, dans sa dépression centrale, une immense nappe de saumure, le Tatta. L'aspect physique n'y a guère varié depuis ces siècles reculés, sauf les vestiges de la digue construite par le sultan Ahmet en 1839, pour livrer passage à son armée marchant contre les Perses (4). Les autres lacs lycaoniens ont gardé leur antique physionomie originale : le Karaboumar, au sud du Tatta, avec ses rives bourbeuses, l'Érégli et le Konieh, avec leurs eaux stagnantes, le Karadagh, qui doit son nom au cône volcanique servant en quelque sorte d'essieu à cette espèce de roue (*Kara dagh*, montagne noire), et qui a en outre pour particularité de se transformer, l'été, en un énorme bloc de sel (5).

Iconium, célèbre dans l'antiquité, ne le fut pas moins sous les empereurs romains et au moyen âge. En 235 de notre ère, les évêques chrétiens y tinrent un concile qui s'occupa de la validité du baptême des hérétiques. Au douzième et au treizième siècle, les Croisés y furent deux fois aux prises avec un adversaire redoutable, d'abord quand Godefroy de Bouillon, après la délivrance de Nicée, résolut de gagner la Syrie par la route la plus courte, ensuite quand Frédéric Barberousse fit son expédition en Terre sainte. Ces souvenirs glorieux ne s'y sont pas effacés. Des monuments et des inscriptions attestent les divers événements de la période des Seldjoukides iconiens (6).

L'histoire de ces faits est peu connue, et ce qu'en ont rapporté Michaud et d'autres ne repose point sur des documents authentiques. On en est encore réduit aux récits fréquemment fictifs des Byzantins et des Persans, tels que ceux de Marchand, dont il n'existe pas même de traductions satisfaisantes. Tout ce que l'on croit savoir vaguement à cet égard,

(1) Voir Ovide, *Métamorphoses*, I, 198 et suiv.

(2) Voir Lanier, *Lectures géographiques*, *Asie*, t. I. (Eugène Belin, éditeur, Paris.)

(3) Le plus grand fleuve de l'Asie Mineure. Il a sa source dans l'Anti-Taurus, se dirige d'abord vers l'ouest, puis, arrosant la Galatie, servait de frontière entre la Paphlagonie et le Pont, où il se jette dans le Pont-Euxin. Suivant Hérodote il formait la barrière entre la Lydie et la Perse. Son nom, Halys, en grec Ἅλς, dérive probablement de l'arménien *alsel*; les Turcs l'appellent *Adj-su* (eau amère) et *Kisil-Irmak* (fleuve Rouge).

(4) Konia (Iconium) fut aussi en 1832 le théâtre de la bataille où Ibrahim-pacha défit complètement l'armée turque.

(5) Voir P. de Tchihatcheff, *Une page sur l'Orient* et *Asie Mineure*, Paris, Gide et Baudry; Vital Cuinet, *la Turquie d'Asie*, Paris, Ernest Leroux; E. Naumann, *Reisen in Anatolien* (*Globus*, t. LXVII, p. 18 et 19, année 1896).

(6) Le récit de ces événements est décrit avec le plus vif intérêt dans l'ouvrage de M. Cl. Huart, *Konia, la ville des Derviches tourneurs*, auquel sont empruntées, avec l'autorisation de l'éditeur, M. Ernest Leroux, les pages et les illustrations qu'on trouvera plus loin.

c'est que, vers l'an 1000, Seldjouk, originaire de Boukharie, chassé par son prince, le grand khan, pour avoir osé franchir les portes du harem, passa l'Iaxarte avec de nombreux compagnons réunis sous sa bannière, et s'allia aux hordes turcomanes qui attaquaient le shah de la Perse orientale, Mahmoud le Gaznévide, gendre du calife. Sous le successeur de Mahmoud, le petit-fils de Seldjouk, Togrul-Beg, remporta une victoire décisive et s'empara de tout le pays entre la Caspienne et l'Indus. Il fonda la dynastie des Seldjoukides, qui créèrent différents royaumes en Asie Mineure, après s'être agrandis par d'importantes conquêtes. Tous, comme leur aïeul lui-même, embrassèrent l'islamisme, ce qui fut une des causes de leur succès et de leur puissance. Au onzième et au douzième siècle, ils constituaient une famille regardée comme invincible et qui tenait dans ses mains toutes les clefs de la Mésopotamie, de la Perse, de la Syrie, de l'Iràk, du Kerman, de l'Anatolie. Maîtres des hauteurs, ils dominaient toutes les contrées environnantes, tels des aigles voyant leur proie de loin et toujours prêts à fondre sur elle. Ils pouvaient ainsi à leur gré, comme le dit très exactement M. Huart, ouvrir ou fermer les vallées qui descendent les pentes du Taurus dans la direction de la mer.

Il y eut cinq dynasties principales des Seldjoukides :

1° Celle d'Iran ou de Bagdad, qui résidait dans cette dernière ville ou à Ispahan. Ce fut la plus puissante, et c'est parmi elle que se révélèrent les princes seldjoukides les plus illustres : tout d'abord Togrul-Beg, qui, en 1038 (après Jésus-Christ), soumit le Khorassan, prit le titre de sultan et obtint du calife de Bagdad la dignité d'Émir-el-Omarâ. Le calife lui donna aussi la main de sa fille. Il mourut en 1063 en laissant son trône à son fils Alp-Arslan (1063-1073). Celui-ci vainquit l'empereur grec Romanus et le fit prisonnier. Après lui régna Malek-Shah (1073-1093), protecteur des lettres et secondé dans son œuvre de progrès par le savant Nisam-el-Mulk, son ministre; puis Mohammed-Shah (1105-1118), qui remporta des avantages signalés sur les croisés, et Sandjar (1118-1158), qui fut un prince musulman des plus remarquables. La dynastie s'éteignit avec Togrul-Shah (1194) qui fut défait par le sultan Kharesmisb Techek.

2° La dynastie de Kerman, qui régna dans la province persane de ce nom. Elle eut pour fondateur Kaderd, un neveu de Togrul-Beg, qui lui confia ce gouvernement, et elle dura de 1039 à 1091.

3° La dynastie d'Alep en Syrie, fondée en 1079 par Toutousch, le père de Malek-Shah, qui, de son vivant, lui avait donné le commandement de cette partie de ses vastes États.

4° La dynastie de Damas, également en Syrie, qui commença en 1096 avec Toutousch, fils de Dekkâk, après la prise de la ville, qu'il choisit pour capitale. Cette dynastie subsista jusqu'en 1155.

5° La dynastie de Konia (Iconium), qui fut créée par un arrière-petit-fils de Seldjouk, Soliman ben Koutoulmich, à qui Malek-Shah, en 1075, laissa un royaume dans l'Asie Mineure et dans l'ancienne Lycaonie. Sous Alla Eddin II, un des derniers princes de cette dynastie, le Turc Osman ou Othman se distingua comme général des armées seldjoukides de Konia, et permit à ses propres descendants, héritiers de sa gloire et de sa puissance, qu'ils agrandirent, de se substituer à leurs maîtres et de s'arroger l'autorité suprême sur la Turquie d'Asie, dont les Osmanlis ou Ottomans sont restés en possession.

II

Le moyen âge byzantin fut témoin de la grandeur d'Iconium. Spectacle digne d'intérêt : en un demi-siècle s'élève un État qui, dans sa marche rapide, arrive jusque dans le voisinage de Constantinople. Les Croisés l'arrêtent en cet essor et l'obligent à viser moins haut; mais sa prospérité n'en est pas atteinte, et durant cent vingt ans il donne l'exemple d'une activité prodigieuse, presque magique. Ses villes s'enrichissent de monuments, mosquées et médressés; ses routes sont sillonnées sans relâche par des caravanes. Un ouragan vint s'abattre tout à coup sur cette évolution presque toujours pacifique : les Mongols. Moins féroces à Konia qu'ils ne le furent en Perse et à Bagdad, ils ruinèrent cependant l'Anatolie par leurs exactions. Les souverains d'Iconium ne conservèrent qu'une autonomie apparente, nominale, une autorité si effacée que celle-ci disparut peu à peu d'elle-même. Le sceptre trop lourd tomba de leurs mains débiles, impuissantes, et se brisa en morceaux. De petites principautés se partagèrent ces débris, qu'elles se disputèrent entre elles. Leurs luttes ne pouvaient manquer d'aboutir à leur ruine. L'empire ottoman en profita au quinzième siècle pour les réduire à la sujétion en les supprimant Konia ou Konieh ne fut plus dès lors qu'un sandjak de la Turquie d'Asie, mais ses annales parlent de sa splendeur médiévale. Et celle-ci fut certainement supérieure à ce que le peu de monuments qui en sont encore debout nous révèlent.

Il y eut en effet, au treizième siècle, à la cour d'Iconium, une brillante effervescence des lettres et des arts, de la civilisation et des intelligences. Les poètes néo-persans, surtout Firdousy, le génial auteur du Chah-Nameh (*Livre des Rois*), y eurent de magnifiques échos (1).

Les princes d'Iconium eux-mêmes furent les promoteurs de ce courant, et ils contribuèrent à l'élargissement des horizons intellectuels de leur pays lorsqu'ils y laissèrent pénétrer les doctrines qui, comme l'a bien indiqué M. Huart, « entraient sous l'étiquette musulmane et sous des tendances mystiques d'enseignement purement moral, étranger à toute révélation ». On verra plus loin comment les derviches tourneurs, si inexactement jugés par ceux qui ne les ont observés qu'en curieux, s'introduisirent à Konia, et à qui ils durent leur règle et leurs rites. Ils appartenaient à ces ordres religieux nés dans l'Asie centrale sous l'impulsion des sages qui ont demandé le bonheur à l'oubli des maux de la vie, au stoïcisme ou à l'indifférence, au mépris de toute richesse, au dédain de toute souffrance, à la répudiation de toute ambition et au vœu d'absolue et perpétuelle pauvreté. Leur nom même avait cette signification (*derviche* veut dire *pauvre* en persan) : ils abdiquaient toute volonté personnelle, habitant en communauté dans leur *tekkié* ou *changâh* (couvents), obéissant en tout à leur chef, *cheik* ou *pir*, qui était tout simplement le

(1) Firdousy ou Fridoucy est le grand poète épique de la Perse. Il s'appelait de son vrai nom Aboul-Gaçim-Mansour, et ce fut le sultan Mahmoud-el-Ghasnevide qui le surnomma le Paradisiaque (Firdousi), tant ses vers enthousiasmèrent ce souverain. Il était né en 940 de notre ère et mourut en 1021.

Voir sur Firdousy notre étude avec des extraits traduits du Chah-Nameh, dans la *Nouvelle bibliothèque populaire*. (Charles Simond, *Les conteurs d'Orient*, Paris, Henri Gautier.)

plus ancien d'entre eux ayant sur les autres les droits du patriarche. Leurs pratiques se réduisaient à des assemblées, des prières, des danses, des mortifications, des châtiments corporels que chacun s'infligeait. Ces pratiques étaient d'ailleurs si anciennes qu'il eût été impossible de dire qui en furent les premiers initiateurs. Venaient-elles des temps antérieurs à l'histoire? se trouvaient-elles implicitement ou formellement exprimées et déterminées dans les codes de religion, tels que le Coran? Quoi qu'il en soit, les hommes les plus vertueux, les plus pieux, les plus éminents en savoir et en pensée s'y associaient. Des différences entre les ordres, au point de vue de la conception de leur but et des voies pour l'atteindre, firent qu'à diverses époques il se détacha des groupes certains membres qui, croyant respectivement perfectionner la doctrine, se revêtirent d'un nom nouveau; tels les Bertamis en 874 de notre ère, les Kadris en 1165, les Roufagis en 1182, les Mevlevis en 1273, les Nakchibendis en 1319, les Bektachis en 1357, les Rouschenis en 1533, les Schemsis en 1601, les Djmalis en 1750. Parmi tous, les Mevlevis ou Derviches tourneurs se signalèrent à l'attention. Et il n'en pouvait être autrement, puisque la source même de leurs dogmes était sainte non seulement à leurs yeux, mais aussi de l'avis de tous les autres croyants, car Djellal-Eddin-Roumi (1), leur fondateur, fut à la fois le plus grand poète mystique de la Perse et le plus étonnant de ses thaumaturges. Son action incontestablement immense sur ses disciples jeta, pourrait-on dire, des racines si profondes dans les âmes que, même jusqu'à ce jour, les fruits et les fleurs de ses enseignements n'ont, quoi qu'il soit mort depuis sept siècles, rien perdu de leur beauté, de leur fraîcheur et de leur parfum. « L'âme, disait-il dans un de ses poèmes, peut demeurer éternellement jeune et forte, même quand le corps est écrasé par le poids de l'âge. » Et ce fut ce qui se passa pour ses leçons. Les siècles n'ont pas eu de prise sur elles.

III

Le vilayet (gouvernement) actuel de Konieh (ou Koniah) comprend les anciens pays de Lycie, Lycaonie, Pamphylie et Pisidie. Sa capitale, Konia, est située au croisement des routes de Syrie et de Constantinople. Elle a 25.000 habitants. C'est la ville la plus importante de la région. Karaman, qui ne compte plus que 7,500 âmes, est entièrement déchu. Par contre, les sandjaks (arrondissements) de Hamid, Bouldour, Tekke et Nigdeh ont conservé leur reflet et leur éclat d'autrefois. Isbarta (l'ancienne Baris), dans le Hamid, est un marché dont le chiffre de population (30,000 habitants) indique l'activité. Bouldour, que les Grecs appelaient

(1) Djellal-Eddin-Roumi (son surnom *Roumi* veut dire Grec) naquit à Balkh en 1207 et mourut en 1273, à Konia. Ses poèmes ont été réunis en un « Diwân » et traduits en partie en vers allemands par Rosenzweig. Nous ne croyons pas qu'il en existe une traduction française. Son principal ouvrage, le *Mesnvei*, poème moral et allégorique où se trouve exposée la doctrine des derviches tourneurs, comprend 40,000 strophes. C'est une œuvre mystique et en même temps très lyrique, qui jouit encore aujourd'hui de la plus grande admiration en Orient et principalement en Perse. Il y aurait une comparaison à faire entre certaines de ces effusions poétiques et plusieurs passages des *Méditations* de Lamartine. (C. S.)

Polydorion (riche en trésors), mérite encore son nom, grâce à ses tanneries, à ses maroquineries et à son industrie spéciale du blanchiment des toiles. Adalia, dans le Tekke. sur la côte de la Pamphylie, n'a pas démenti la réputation commerciale qu'elle s'était acquise dès sa fondation par Attale II Philadelphe, le rival de Prusias de Bithynie et l'allié des Romains. Mais pour le voyageur parcourant aujourd'hui ces contrées, ce qui gâte le tableau, c'est qu'il se modernise. Des lignes de chemin de fer tracent leur passage à travers la Lycaonie. Demain, si ce n'est déjà fait, un sifflet de locomotive jettera son cri strident au milieu des voix du passé, les utilitaires raseront jusque au sol mausolées, mosquées et médressés, réalisant la prophétie de Djellal-Eddin-Roumi : « Tout ce qui fut périt, et le sultan de Tébris lui-même, ce premier rayon du soleil, ne sera un jour que poussière. »

Charles Simond.

UN DERVICHE.

RUINES D'UNE VILLE DE LYCAONIE.

LA VILLE DES DERVICHES TOURNEURS

I

Konia s'aperçoit longtemps avant qu'on y arrive, au bout de la vaste cuvette à fond plat où elle est presque la seule localité habitée, avec ses deux annexes de Sillé et de Mérâm. Cette cuvette est vide; c'est un désert. Suivant la tradition locale, dont Hadji-Khalfa s'est fait l'écho, cette plaine était autrefois une mer : le divin Platon l'aurait desséchée. La première partie de la légende doit être vraie; rien n'a l'aspect d'un lac desséché comme cette plaine. La seconde est sujette à caution; Dieu sait quelle tradition locale s'est transformée en cette légende bizarre.

Quoi qu'il en soit, on ne saurait imaginer rien de plus étrange que l'existence de cette Iconium, isolée du reste du monde, pour ainsi dire, en réalité une oasis : ce phénomène est dû aux sources de Mérâm. Les ruisseaux d'eau courante qui sortent de la montagne et vont se perdre dans le désert sont la seule raison d'être de cette ville. Ce sont ces eaux qui abreuvent les jardins d'alentour; en dehors de leur rayon d'action, c'est, d'un côté, la montagne aride, de l'autre, la plaine inculte, jusqu'à deux jours de marche.

Quand on se rapproche de Konia par la grande route venant du nord, on distingue surtout une élévation qui attire les regards au milieu de la ligne droite formée par les terrasses plates des maisons : c'est une colline, peut-être artificielle, dans tous les cas la seule de la région. On y voit quatre monuments, séparés les uns des autres par de larges espaces vides : c'est, du nord au sud, les ruines du palais des Seldjoukides, la mosquée d'Alà-eddin Kaï-Kobâd reconnaissable à la coupole pyramidale à huit pans qui la

RUINES DU PALAIS DES SELDJOUKIDES.

surmonte, la tour de l'horloge, reste d'une église chrétienne, et enfin l'église double des Grecs et des Arméniens. Autrefois cette colline était entourée d'un mur de briques, au rapport de Texier, mais aujourd'hui il n'en reste rien, non plus que des murs de la ville.

Notre première visite devait être pour la mosquée d'Alà-eddin. La façade n'en est pas uniforme; elle se compose de fragments rebâtis à différentes époques. Cinq inscriptions arabes ne laissent aucun doute sur l'époque de la fondation de la mosquée; elle a été commencée par Izz-eddin Kaï-Kâous Ier en 616 de l'hégire (1219-1220) et achevée par Alà-eddin Kaï-Kobâd en 617 (1220-1221).

l'année suivante. C'est Ayâz el-Atâbéki, quelque affranchi de l'*atabek* ou commandant en chef des troupes, remplissant les fonctions d'administrateur de cette mosquée, qui l'a fait bâtir et s'est adressé pour cela à un architecte de Damas qui a eu la bonne idée de léguer son nom à la postérité, Mohammed ben Khaulan le

FAÇADE DE LA MOSQUÉE D'ALA-EDDIN.

Damasquin. Les portes sont chacune d'un dessin différent, mais en tout cas merveilleuses. C'est un spécimen admirablement conservé de l'art arabe au treizième siècle.

Dans un cartouche circulaire, au-dessus de la porte de droite, on voit une inscription arabe sur faïence, en lettres blanches sur fond bleu, avec ces mots : « Le sultan magnifié Alâ-eddounya w'eddin. » Enfin, au-dessus d'une petite porte dans le mur ouest, dans la partie réparée, ainsi qu'au-dessus d'une autre petite porte murée, on lit l'inscription suivante, répétée deux fois : « Le sultan magnifié, Alâ-eddounya w'eddin, le victorieux, Kaï Kobâd, fils de Kaï-Khosrau, fils de Kylydj-Arslan. » La seconde de ces deux inscriptions semblables est à demi enterrée sous le toit en terre battue d'une petite construction adjacente.

Les encadrements de ces inscriptions sont on ne peut plus curieux à étudier. La première inscription est tracée sur quatre lignes séparées l'une de l'autre par un filet horizontal de la largeur de celui qui encadre le texte tout entier. Autour règne un cadre octogone inscrit lui-même dans un cadre carré surmonté d'un auvent ou corniche de marbre supportée elle-même par quatre consoles; le cadre repose sur une fenêtre aujourd'hui condamnée. La troisième inscription, de cinq lignes, est simplement entourée d'un filet et repose dans un encadrement qui affecte la forme d'une fenêtre. C'est un arc en ogive, dentelé, reposant sur deux colonnettes dont le fût est strié. Entre le cadre de l'inscription et le sommet de l'ogive, il y a place pour une sorte d'écu hexagonal, ayant au centre une étoile à six rayons flanquée de six carreaux hexagonaux. On dirait des armoiries.

Au-dessus de la porte située à l'extrémité de la façade, à droite en faisant face à celle-ci, et la seule qui soit ouverte aujourd'hui, un rond de faïence émaillée répète encore une fois le nom du sultan Alâ-eddin, ainsi que nous venons de le voir.

Quand on a pénétré dans la cour de la mosquée, on a devant soi, au milieu de plusieurs tombeaux plus ou moins modernes, un mausolée ou *turbé* surmonté d'un toit en pyramide à huit pans qui s'aperçoit de très loin. C'est là que sont enterrés la plupart des prédécesseurs d'Alâ-eddin, et en tout cas le *sultan martyr*, Ghiyâth-eddin Kaï-Khosrau Ier. Tous les tombeaux, au nombre de huit, sont recouverts de faïence à lettres blanches en relief sur fond bleu; mais lors des réparations successives que ce mausolée a subies, les plaques ont été reposées en désordre, de sorte que les inscriptions sont illisibles.

Derrière ce *turbé* est la mosquée proprement dite, dont le plan est conçu d'après celui de la vraie mosquée arabe, comme il y en a de beaux spécimens dans les mosquées d'Amr et de Touloun au Caire, la cathédrale de Cordoue, la grande mosquée des Oméyyades à Damas. Le toit, en bois, est supporté par quarante-deux colonnes, dont les chapiteaux offrent la variété la plus surprenante; les ouvriers syriens qui travaillaient pour le compte des Seldjoukides ont dû ramasser là tout ce qui restait de l'ancienne *Colonia Ælia Hadriana,* nom que portait Iconium à la fin de l'Empire romain. Cette mosquée possède, à côté du *mihrâb,* un bijou des plus remarquables dans son *minbèr* ou chaire à prêcher, en bois noir (ébène ou teck) découpé à jour en fines arabesques. Sur le bras droit de la chaire, une inscription arabe en caractères *neskh*, sans points diacritiques, nous donne d'une façon malaisée à déterminer le nom du fabricant, originaire d'Akhlât en Arménie, avec la date de 550 de l'hégire, par conséquent soixante-six ans avant l'achèvement de la mosquée.

Puisque la mosquée de Konia nous a rappelé à la fois les noms de Ghiyâth-eddin Kaï-Kosrau Ier qui y est enterré, et de ses deux fils Izz-eddin Kaï-Kâous Ier et Alâ-eddin Kaï-Kobâd, trois souverains sous lesquels le royaume des Seldjoukides d'Iconium atteignit son plus haut degré de splendeur, on ne nous en voudra pas d'évoquer, d'après des documents récemment mis au jour par M. Houtsma, et qui n'ont pas encore été traduits, ces trois grandes figures de l'Asie Mineure au moyen âge.

Examinons d'abord, d'un peu plus près qu'on ne l'a fait jusqu'ici, la catastrophe où le premier de ces trois souverains perdit la vie. « Sur la route d'Ala-Chéhir (Philadelphie), raconte le traducteur turc de l'historien Ibn-Bibi, il se livra une grande bataille entre les troupes grecques, composées de Grecs, de Francs, de Bulgares, de Hongrois (*angaroûs*) et d'Allemands, et celles du sultan d'Iconium. Le *tekfoûr* (souverain, *taka-bara,* porte-couronne) byzantin avait été renversé de son cheval; les serviteurs du sultan voulaient le tuer, mais celui-ci ne le permit pas, le fit remonter à cheval et lui rendit la liberté. Pendant ce temps, les troupes byzantines, ayant vu la perte du *tekfoûr*, s'enfuirent, et l'armée du sultan se livra au pillage, tandis que celui-ci restait seul. A ce moment passa près de lui un Franc, que le sultan prit pour un homme de sa maison et auquel il ne fit pas attention. Après avoir dépassé le sultan, ce Franc retourna la tête de son cheval et d'un coup de javelot tua le sultan. Il le dépouilla de ses armes, se joignit à une troupe de Grecs qui s'enfuyaient et disparut. Lorsque Lascaris le vit, il lui commanda de retourner chercher le corps du sultan, et quand on le lui apporta, il se mit à pleurer, et ne pouvant supporter cette situation, il ordonna d'écorcher vif le Franc.

« L'armée musulmane s'enfuit après qu'on eut connaissance de la mort de Kaï-Khosrau. Dans ces défilés et ces vallées, beaucoup furent tués, beaucoup noyés, beaucoup moururent en s'enfonçant dans la boue.

« Lascaris fit embaumer le corps par des musulmans établis dans les environs d'Ala-Chéhir, et le fit enterrer *comme par emprunt* (*ârièt rèsmindjè*), c'est-à-dire provisoirement, dans un cimetière musulman. Ensuite, après ces événements, on le transporta à Konia, où on le déposa sous la coupole où reposaient déjà ses ancêtres.

« C'est à la suite de négociations, dit ailleurs le traducteur turc d'Ibn-Bibi, que le corps du sultan *martyr* (tué à la guerre contre les chrétiens) fut ramené à Konia. Le *Basilios* (l'empereur grec) dépensa beaucoup d'argent en cadeaux aux *hâfyz* (gens qui savent le Coran par cœur) et aux pauvres qui l'accompagnèrent (vingt mille pièces d'or); il fit suivre le cortège par des troupes jusqu'aux frontières de ses États.

« Lorsque le corps du sultan eut été apporté à Konia et qu'on l'eut enterré à côté de son grand-père, de son père et de son frère, le sultan régnant (Kaï-Kaous Ier) se rendit le lendemain à la coupole pour la visiter, joignit trente mille pièces d'or à celles que le *Basilios* avait données; une partie de cet argent fut distribuée sur le champ aux *hâfyz*, aux étudiants et aux pauvres, et une partie fut envoyée aux écoles, aux couvents de derviches et aux *zâwiyèhs* (ermitages); le reste fut expédié aux différentes provinces et aux villes pour y être distribué dans les mêmes conditions. »

Ce passage de l'historien persan contient un renseignement précieux que nous avions en vain cherché à Konia même; c'est que le grand-père, le père et le frère de Kaï-Khosrau Ier sont aussi enterrés à côté de lui dans la coupole de la mosquée d'Alâ-eddin Ce sont donc Rokn-eddin Masoûd, le fils du vaincu de Dorylée Kylydj-Arslan Ier, Izz-eddin Kylydj-Arslan II, et Rokn-eddin Soléiman II, dont les tombeaux sont à retrouver parmi les huit que contient le *turbé* central de la mosquée.

Alâ-eddin Kaï-Kobâd, frère et successeur de Kaï-Kâous Ier, le remplaça sur le trône en 616 de l'hégire (1210). Depuis la lutte de compétition qu'il avait soutenue contre celui-ci et dans laquelle il avait été vaincu, il était resté enfermé dans une forteresse. On l'en fit sortir pour l'instituer sultan d'Iconium. Alâ-eddin a été le plus grand prince de cette dynastie; c'est lui qui a laissé en Orient des souvenirs encore vivaces. Pendant tout son règne, il lutta contre les chrétiens qui avoisinaient ses États; il s'empara, sur la côte de la Méditerranée, de Kalonoros (ancienne Coracésium), qui depuis lors s'est appelée Alaya, puis il enleva au prince Daoud-chah, Kémakh et Erzinghian en Arménie. Le règne de Kaï-Kobâd a laissé le souvenir d'un temps de prospérité pour ces pauvres pays, ruinés par les incursions des Arabes, par le passage torrentueux des Croisés, et plus tard par les exactions de ses propres maîtres, devenus collecteurs d'impôts pour le compte des empereurs mongols; rien ne le prouve mieux que cette anecdote racontée par les historiens orientaux. Lorsque Izz-eddin Kaï-Kâous II, battu par les troupes mongoles. fut obligé de se retirer à Adalia, ville dont le nom a conservé jusqu'à nos jours le souvenir des Attales, amis des Romains et grands bâtisseurs, il aperçut un jour un trou dans un coin de la muraille, et se demanda si son grand-père Kaï-Kobâd n'y aurait pas déposé quelque trésor en vue des besoins des moments difficiles. Il fit incontinent démolir le mur : on prétend qu'on y trouva le sceau d'Alâ-eddin et des coffres pleins d'argent.

Devant la mosquée, et dans le même axe qu'elle, on voit encore tout ce qui reste du palais seldjoukide : une grande salle oblongue, surélevée, avec un balcon et une fenêtre en ogive donnant sur la campagne extérieure. L'on distingue au bas les traces de l'ancienne muraille, et un lion phrygien de marbre y est encore encastré. On ne retrouve plus ici le bel appareil des pierres de la façade de la mosquée. Le palais des princes d'Iconium était tout entier en briques plates, faites dans le pays, toutes blanches de craie et noyées dans un mortier également crétacé. Cet appareil rappelle

PORTE DE LA MOSQUÉE D'ALA-EDDIN.

les constructions en briques plates du temps des Byzantins, avec cette différence que celles-ci étaient rouges et que le mortier est également rougeâtre, car la base en est la brique elle-même pilée : c'est le procédé dont se servent encore aujourd'hui les maçons turcs dans la confection du mortier connu sous le nom de *Khorassan*. La disposition elle-même du balcon rappelle le κάθισμα de l'architecture byzantine ; on n'a, pour être frappé de la ressemblance, qu'à rapprocher du palais de Konia celui de l'Hebdomon à Constantinople.

II

La ville actuelle de Konia s'étend à l'est de la colline, dans la direction du mausolée de Djélâl-eddin Roûmi, dont nous parlerons plus loin, mais qu'il est indispensable de noter ici comme point de repère. Or il n'est point possible de le confondre avec aucun autre monument, à cause d'une sorte de pyramide toute recouverte de faïences bleues qui le surmonte. Tout autour de la masse confuse des maisons, uniformément construites en pisé de couleur grisâtre, une ceinture ininterrompue de jardins. A l'horizon, rien : le Taurus, dont certains pics très élevés ne sont pourtant pas loin d'ici, ne se montre pas. Derrière nous, dans l'ouest, à une petite distance, la montagne d'où sort l'eau qui abreuve Konia, avec le petit village grec de Sillé, suspendu dans une anfractuosité, le groupe d'arbres verdoyants qui cache les maisons de campagne de Méram; en dehors de ces deux derniers points, le vaste désert, inhabité, inculte, traversé en ligne droite, dans la direction du nord, par la route que nous avons suivie, celle de Cadin-Khan et d'Ilghin.

Si de la mosquée d'Alâ-eddin on descend en droite ligne dans l'est, on ne tarde pas à rencontrer une laide construction en pierre de taille, toute neuve : c'est le *konak*, le siège du gouvernement de la province. Cette bâtisse sans caractère, en forme de caserne, avec des fenêtres à l'européenne et des arcades autour d'une cour centrale, ravive la douloureuse surprise qu'éprouve l'archéologue en arrivant à Konia : car c'est là, indubitablement, que sont passées toutes les pierres des murailles de la ville, dont il ne reste plus que des traces informes, et, en même temps, toutes les sculptures antiques que les Seldjoukides y avaient encastrées, toutes les inscriptions grecques, latines et arabes qui avaient franchi sans peine tant de siècles pour finir, au dix-neuvième, sous le stupide marteau du tailleur de pierre!

Devant l'hôtel du gouvernement est une place assez spacieuse entourée de constructions assez basses, en pierre de taille également : c'est ce qu'on appelle le *tcharchy*, le bazar, qui commence là pour s'étendre jusqu'auprès du mausolée de Djélâl-eddin Roûmi; ce sont des rues droites, assez larges, tirées au cordeau, bordées de boutiques peu achalandées. Ce n'est point l'aspect d'une ville d'Orient. On dirait je ne sais quel souffle de nouveauté qui a passé par là. Dans les parties plus anciennes de la ville, au sud, on retrouve les longues ruelles irrégulières entre deux murs de terre battue percés de quelques portes, qui rappellent mieux le Levant endormi dans la contemplation d'un passé qui ne reviendra plus.

Voilà Konia. Maintenant que nous sommes au courant de la physionomie générale de la ville, reprenons le cours de nos pérégrinations. Nous descendons de la colline par la face nord; le long des ruines du palais. Nous franchissons l'ancien fossé des murailles, aujourd'hui presque comblé. Ces murs formaient le soubassement même de la tribune du palais, de la grande fenêtre ouverte à la brise du nord qui en est aujourd'hui le seul reste frappant. Dans une ruelle qui s'ouvre immédiatement en face, on trouve, à gauche, le Collège des Karataï, dont la porte, toute en marbre blanc sculpté, a été récemment l'objet d'un nettoyage complet. Au-dessus on peut lire ces mots, extraits du Coran : « Dieu « très haut a dit : « Certes Dieu ne laisse pas perdre la récompense « des bienfaiteurs. » Puis, plus bas, l'inscription arabe suivante :

« A ordonné (d'élever) cette construction bénie, sous le règne du grand sultan, ombre du Dieu très Haut, Iss-eddounya w'eddin (gloire du monde et de la religion), le victorieux, Kaï-Kâous, fils de Kaï-Khosrau, fils de Kaï-Kobâd, fils du sultan martyr Kaï-Khosrau, fils de Kylydj-Arslan Karataï, fils d'Abd-Allah, dans le courant de l'année 649 (1251-1252). Que Dieu pardonne à celui qui a rendu ce monument prospère! »

Ce monument appartient au règne d'Iss-eddin Kaï-Kâous II; il est postérieur de deux ans au caravansérai d'Ishaklu, à propos duquel nous avons donné quelques détails historiques sur ce souverain. L'inscription du Collège des Karataï est surtout remarquable en ce qu'elle nous donne la filiation complète, en ligne directe, des ancêtres de Kaï-Kâous II, depuis Kylydj-Arslan Ier, le vaincu de Dorylée, dont le prénom était Mahmoud, ainsi que nous l'apprennent les textes publiés par M. Houtsma. Quant au personnage qui a construit ce Collège, et qui se nomme dans l'inscription Karataï, c'était, sans nul doute, l'émir Djélâl-eddin Karataï, qui remplit les fonctions de lieutenant du grand vizir, le *sahib* Chems-eddin Mohammed El-Içfahâni, précisément sous le règne de Kaï-Kâous II. Le peuple a perdu le souvenir de ce personnage : il a attribué le monument à toute la famille de Karataï et appelle encore ce monument *Karataïlar-Médressé*, le Collège des Karataï.

Ce collège a dû briller au treizième siècle; mais il est aujourd'hui complètement abandonné. Il n'est pas facile d'y pénétrer : malgré la présence d'un agent de police mis à notre disposition par le gouverneur général, Surouri-Pacha, qui avait fait prévenir le gardien, il nous fallut attendre encore quelque temps avant de pouvoir franchir le seuil. L'intérieur de cette construction offre un magnifique spécimen de la décoration persane en faïence au treizième siècle. Tout autour de la coupole, à la base, est tracé en écriture koufique tout le chapitre de la victoire (*Sourat el-Fath*) du Coran. Sous cet anneau de faïence, quatre grands triangles, placés aux quatre angles, servent de pendentifs et rattachent la coupole au plan carré de la grande salle. La décoration de chacun de ces triangles, en bleu foncé sur fond vert, est composée des noms des quatre premiers khalifes : Abou-Bekr, Omar, Othmân et Ali, en koufique carré, répétés à l'infini. Le fond est occupé par une baie formant fenêtre à la persane, tout encadré de faïence.

En revenant sur ses pas et en tournant à main droite, vers

UNE ÉCOLE.

l'ouest, on suit une sorte de boulevard circulaire couvert de décombres et où l'on remarque un grand nombre de mosquées et de *turbés* abandonnés. Ces anciens faubourgs sont tout en ruine et presque inhabités. On rencontre, dès les premiers pas, la mosquée connue actuellement sous le nom d'*Indjéminaréli médressé*, le collège au minaret mince. Ce qui frappe tout d'abord dans ce monument, c'est la disproportion qui existe entre le corps de la mosquée et son minaret; ce dernier est beaucoup plus grand en proportion, il est aussi légèrement recourbé dans la direction de

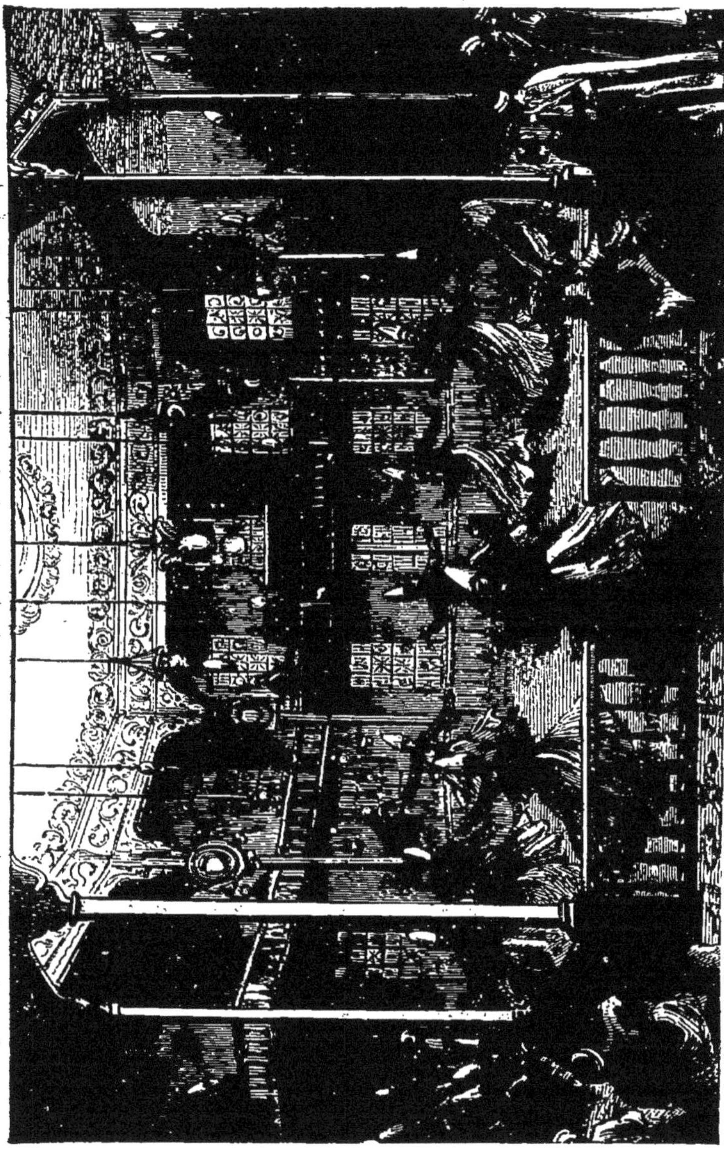

LES DERVICHES TOURNEURS.

l'ouest, par suite d'un tassement inégal de ses couches. En revanche, il est d'une forme très élégante et très heureuse; divisé en trois parties inégales par deux galeries, la partie centrale est le fût de la colonne, tandis que la partie basse, trapue sans être sensiblement plus épaisse, constitue la base, et le couronnement, le chapiteau. De grosses moulures en forme de tore donnent au minaret l'aspect général d'un faisceau. Le portail est très original; ce sont deux bandes de pierre bordées d'arabesques en entrelacs, descendant de haut en bas et s'écartant tout à coup, qui forment la porte ogivale. La partie supérieure du portail est ornée d'entrelacs en forme de grecque. Dans deux cartouches ellipsoïdes, on lit le nom de l'architecte et celui de son pere :

« Œuvre de Kaloûs, fils d'Abd-allah! »

En continuant de suivre ce chemin circulaire, qui contourne la colline par l'ouest, on arrive à un enclos renfermant un monument semblable à un *turbé*, et qui est connu sous le nom de mosquée d'Abd-ul-Mumin, mais à tort : ainsi que l'indique l'inscription placée au-dessus de la porte, cet édifice s'appelait mosquée des Maghrébins, et il a été restauré par Mahmoud-ben Emir-el-Hâdjdj, sous le règne de Ghiyâth-eddin Kaï-Khosrau III.

Ghiyâth-eddin Kaï-Khosrau III, fils de Rokn-eddin Kylydj-Arslan IV, fut l'avant-dernier des sultans seldjoukides de Roum. Il monta sur le trône après la mort de son père, exécuté par les Mongols sur des dénonciations vraies ou fausses, en 663 (1264-1265). Il avait alors deux ans et demi, et ce fut l'ancien chambellan de son père et son meurtrier, Moïn-eddin Soléïman, qui gouverna en son nom. En 675 (1276-1277) de grands désordres se produisirent sous l'impulsion d'un émir nommé Chérèf-eddin. C'est ce moment que choisit Mélik-Tâhir Bondokdâri, sultan d'Égypte, pour envahir l'Asie Mineure. Les troupes seldjoukides, ainsi que le corps d'occupation mongol, furent taillés en pièces dans la plaine d'Albistan, appelée aujourd'hui Palanga-Owa, au nord de Marache. Après cette victoire, les Égyptiens ne tardèrent pas à se retirer; mais, malgré leur retraite, de grands désordres continuèrent à se produire et la tranquillité ne se rétablit plus dans le Roum. Kaï-Khosrau III mourut en 681 (1282), laissant un trône vacillant à son cousin Ghiyâth-eddin Masoûd II. La pauvre mosquée des Maghrébins est tout ce qu'on pouvait attendre de cette époque de décadence : une coupole en briques reposant sur un soubassement carré; c'est déjà la fin d'une dynastie; les coffres sont vides, on bâtit économiquement.

Nous en avons fini avec le boulevard demi-circulaire qui contourne la colline. Non loin de là une construction militaire ruinée attire notre attention. Aujourd'hui que les fortifications médiévales de Konia ont entièrement disparu, le moindre reste de construction attire d'autant l'attention du voyageur. J'ai nommé le groupe dont je parle, la citadelle, parce qu'il m'a paru faire un tout complet, comme le serait un fort engagé dans les murailles du corps de place. Le plan de cette construction est sensiblement pentagonal. Il est flanqué de tours. Celle au sud de la citadelle, la seule à peu près intacte (partout ailleurs le parement extérieur a été arraché), nous a donné une inscription où je n'ai pu déchiffrer que la date, qui est du début du treizième siècle :

« C'était l'année 610 (1213-1214). »

En 610 de l'hégire, Izz-eddin Kaï-Kâous Ier régnait à Konia. Cela prouve qu'il avait eu l'idée d'entourer la ville d'une enceinte fortifiée, huit ans avant la construction de la grande muraille d'Alâeddin, exécutée la même année que celle de Siwâs, et vingt-quatre ans après la prise de la ville par Frédéric Barberousse.

Constatons un détail très particulier que contient l'inscription de la citadelle : ce sont deux poissons affrontés, séparés par une rosace à sept pétales. Que font là ces poissons ? Je l'ignore. Peut-être faut-il y voir un emblème analogue à ceux que certains sultans mameluks d'Egypte ont semés sur les monuments de Damas et du Caire.

Dans une rue qui est au delà de l'ancienne citadelle, et par conséquent dans les faubourgs de la Konia médiévale, on rencontre le mausolée dit de Turghut-oghlou Ahmed bey. L'inscription qui se trouve au-dessus de la porte du jardin est postérieure de cent ans à la disparition définitive de la dynastie des Seldjoukides de Roum. On remarque tout de suite la différence du style. Tandis que, partout ailleurs, le nom du souverain figure en tête, et celui du véritable constructeur ne vient qu'après, ici c'est le contraire.

Quoi qu'il en soit, nous avons, dans l'inscription dont nous venons de parler, un monument datant du règne d'un prince de Karaman. En 825, cinq ans avant la date de notre inscription, Mohammed-bey, père d'Ibrahim, s'était révolté contre l'empire ottoman, dont il s'était reconnu vassal, et avait été assiéger Adalia. Un jour, en parcourant les tranchées, il fut atteint d'un coup de canon et tué. A cette nouvelle, son frère Mousa-bey s'était empressé de monter sur le trône de Konia. Les fils du défunt, Ibrahim et Ishak, s'enfuirent et allèrent demander aide et protection au sultan ottoman Mourad II, qui leur fournit une armée avec laquelle ils reprirent Konia, et Ibrahim-bey monta sur le trône. Mourad leur avait donné à chacun une de ses filles en mariage. Au bout de quelque temps, Ibrahim-bey se révolta, mais son beau-père lui pardonna, grâce à l'intercession de sa femme. Il se révolta de nouveau sous le règne de Bayézid Yildirim, et fut encore l'objet du pardon de son suzerain. Il régna trente-deux ans, au bout desquels, étant sur le point de mourir, il vit prétendre au trône son fils aîné, Ishak-bey, déjà déclaré héritier présomptif ; mais comme celui-ci était né d'une esclave, ses autres frères refusèrent leur assentiment, de sorte que les notables firent monter sur le trône l'un de ceux-ci, Pir Ahmed-bey. Ishak emmena son père malade dans la forteresse de Kirâlé et s'y enfuit. Ibrahim-bey mourut sur ces entrefaites.

Tels sont les événements que rappelle l'inscription du Turghut.

On y sent le dernier effort des petites dynasties locales, héritières du grand empire seldjoukide, pour éviter le sort fatal qui les attendait toutes, l'absorption dans le grand empire guerrier des fils d'Osman.

III

Dans la même rue que le mausolée de Turghut, un peu plus loin, et presque à l'extrémité du faubourg, on montre le *turbé* du cheikh Sadr-eddin de Konia (Korniéwî). Un petit portique fermé par une grille de bois, et un peu au-dessous du niveau de la rue, permet d'arriver à la porte du mausolée, sur lequel on lit l'inscription suivante :

« A été élevée cette construction bénie, avec le mausolée qui s'y trouve, pour le cheikh et imam, le chercheur, le savant dans la vie ascétique Mohammed fils d'Ishak, fils de Mohammed (que Dieu soit satisfait de lui !), ainsi que la bibliothèque qui s'y trouve également, contenant ses livres érigés en fondation pieuse (*wakf*), ainsi qu'il l'avait prescrit et en avait fait une condition, et avait spécifié cette fondation à la façon des pauvres honnêtes parmi les compagnons qui se dirigent selon leur cœur : et Dieu très haut leur a dit. Dans le courant de l'année 673 (1274-1276). »

Nous avons là le tombeau d'un de ces philosophes mystiques de la Perse, décorés du nom de *soûfis*, « vêtus de laine », parce qu'ils avaient adopté la robe de bure du derviche ou du moine en renonçant au monde pour mieux contempler l'infini. La date du monument du cheikh Sadr-eddin correspond au règne de Ghiyâth-eddin Kaï-Khosrau III, où le souverain seldjoukide, vassal des Mongols, n'était guère plus qu'un collecteur d'impôts pour le compte des hordes de l'Asie centrale. Ce cheikh était un grand ami de Djélâl-eddin Roûmi, le fondateur de l'ordre des derviches tourneurs ; il se nommait, nous l'avons vu dans l'inscription, d'accord avec les données du *Nafahât-el-Ons* de Djâmi, Sadr-eddin Mohammed ben Ishak, et on lui donnait le surnom d'Abou'l-Méâli, « l'homme aux idées élevées ». Il entretint une correspondance avec le fameux astronome et philosophe Naçir-eddin Toûsi ; il composa des ouvrages de théologie : un commentaire sur le premier chapitre du Coran, la Clef du monde caché, les Effluves de la divinité. Djâmi rapporte une anecdocte qui prouve à quel degré d'amitié Djélâl-eddin Roûmi et Sadr-eddin en étaient arrivés dans leurs relations : « Un jour, il y avait grand conseil, et les notables de Konia s'étaient réunis. Le cheikh Sadr-eddin était assis en haut du sofa, sur un tapis (c'est la place d'honneur). Djélâl-eddin étant entré, le cheikh, par déférence, lui céda le tapis. Le poète persan s'assit et incontinent : « Quelle réponse donnerai-je au jour de la résurrection, si l'on me demande pourquoi j'ai pu consentir à m'asseoir sur le tapis du cheikh ? » Pour ne pas rester en arrière dans ce combat d'humilité, le cheikh dit au grand poète : « Asseyez-vous à un coin, et moi à l'autre », ce qui rétablissait l'égalité. Djélâl-eddin Roûmi

PORTAIL DU COLLÈGE DE KAROTAÏ.

ayant enfin pris place, le cheikh, qui avait réfléchi que s'asseoir sur un tapis était encore trop de luxe pour deux derviches qui avaient fait vœu de pauvreté, s'écria : « Le tapis où vous êtes assis ne vous convient pas, ni à moi non plus... » Il l'enleva et le lança au loin.

Djélâl-eddin Roûmi mourut avant Sadr-eddin, et, honneur

suprême, il le chargea par testament de prononcer la prière funèbre à ses obsèques. Sadr-eddin, qui était né la nuit qui précéda le jeudi 22 djoumada II 605 (1er janvier 1209), mourut le 13 moharrem 673 (19 juillet 1274), âgé de soixante-huit ans lunaires.

L'intérieur de la petite mosquée qui précède le mausolée de Sadr-eddin respire le calme et la fraîcheur. Dans de grandes jarres de poterie, on y conserve de l'eau des sources de Mérâm, qui se bonifie en vieillissant ; nous goûtons l'eau de trois semaines de cruche, et celle d'un mois. Cette eau est, par ce repos, devenue absolument limpide et pure : elle est débarrassée de ces matières calcaires qu'elle tient en suspension au sortir de la source. Sur une pierre, aujourd'hui une simple dalle, jadis une stèle, on lit encore un fragment de décret du Sénat et du peuple d'Iconium, en langue grecque, en l'honneur de l'empereur Antonin.

La porte de Larenda, située au sud-est de la ville, et à laquelle nous sommes insensiblement arrivés, indique par son nom qu'elle donne passage à la route de Larenda, ville qui a encore aujourd'hui conservé son nom, mais que l'on appelle aussi communément Karaman, du nom de cette dynastie des Karaman qui entreprit de succéder aux Seldjoukides dans leur capitale et qui résista aux Ottomans, avec des fortunes diverses, jusqu'au commencement du seizième siècle. Cette porte est le seul vestige qui reste debout des anciennes fortifications, détruites totalement dans l'espace de ces trente dernières années ; et encore elle est dans le plus piteux état. La porte elle-même n'existe plus ; c'est à peine si l'on distingue les restes des jambages. A gauche, on aperçoit quelques restes informes de tours dont on a arraché le parement et dont on ne voit plus que le blocage. Toutefois, sur l'une de ces tours ruinées on distingue encore la date de la construction, flanquée des deux poissons que nous avons déjà vu figurer sur les murs de la citadelle. Cette date est celle de 618 de l'hégire (1221), année dans laquelle furent construites simultanément les fortifications de Konia et celles de Siwâs. Ibn-Bibi nous a transmis à ce sujet des détails intéressants que nous traduisons d'après le texte publié par M. Houtsma :

« Alâ-eddin Kaï-Kobâd fit construire à ses frais les quatre portes de la ville et plusieurs tours importantes. Le reste des constructions fut attribué à chacun d'entre les *beys* (les chefs des tribus turcomanes), qui eurent à contribuer à cette dépense, chacun selon ses moyens. On orna les murailles de sculptures et de statues de marbre blanc ; on y traça des versets du Coran, des traditions célèbres du Prophète, des apophtegmes et des vers du *Châh-nâmé* (le fameux poème épique persan de Firdausi). Après l'achèvement des murs, le Sultan les examina, les approuva et ordonna que, de même que ses noms et surnoms avaient été inscrits en lettres d'or sur les portes et les tours, ceux des beys fussent également inscrits sur les tours qu'ils avaient construites, afin de conserver à travers les siècles la renommé de leur dévouement. »

Ce que le temps avait respecté, l'incurie et la sottise des hommes devaient le détruire. Il ne reste plus de traces, aujourd'hui, du dévouement des beys de Kaï-Kobâd. Les sculptures et les statues de marbre blanc dont parle Ibn-Bibi, c'est cette foule de monuments de l'ancienne Iconium que les voyageurs ont pu contempler, il y a quelques années encore, et que signalent Texier, de Laborde, Hamilton. Tout cela a disparu.

Dans l'intérieur de la ville, on rencontre un *turbé* connu aujourd'hui sous le nom d'*Aya-Sofya* qui est le même que celui de la mosquée de Sainte-Sophie à Constantinople. Je ne sais d'où provient cette appellation; ce turbé est du commencement du quinzième siècle et a été élevé par un prince de la dynastie de Karaman, Mohammed-bey, qui avait pris le titre honorifique d'Alâ-eddin.

Dans cette même partie est de la ville où s'élève la maison de Tahir-pacha, et non loin de la porte de Larenda, il y a un établissement public, la salpêtrière (Kâl-Khâné), appartenant au gouvernement et dirigé par des officiers de l'armée ottomane. C'est une construction insignifiante, que nous mentionnons seulement parce que, dans la cour et à peu de distance de la grille d'entrée, on a installé un lion de marbre provenant sans doute de la démolition des murailles.

IV

Un des quartiers de la ville porte le nom de Chemsi, à cause du mausolée de Chems-eddin Tebrizi. Avant d'aller visiter la magnifique mosquée qui abrite les restes de Djélâ-eddin Roûmi et de sa longue lignée de descendants, tous prieurs de la communauté des derviches tourneurs, nous voulûmes faire un pèlerinage au tombeau de celui qui fut son maître et dont il parle sans cesse avec tant de vénération dans son chef-d'œuvre, le *Mesnévi*. La coupole en forme de pyramide à huit pans attire de loin les regards, mais le monument n'est pas autrement intéressant. Il a été augmenté d'une petite mosquée qui le déforme totalement, et à l'intérieur, tellement recrépi, rechampi et badigeonné qu'il en perd tout intérêt. C'est le cas de la plupart des sanctuaires qui continuent à être vénérés; les générations qui se succèdent tiennent à honneur de les entretenir; cela ne va pas sans beaucoup de plâtre gâché. L'archéologue préfère les monuments abandonnés, car dans quelque coin ignoré, sous l'abri protecteur des toiles d'araignée longuement tissées, il trouvera peut-être telle indication qui le mettra sur la voie d'une découverte. Rien de pareil n'est possible avec le badigeon. Mais je ne vais pas recommencer la préface de *Notre-Dame de Paris*. Je constate simplement qu'aucune inscription ne se retrouve sur le turbé de Chems-eddin Tebrizi. C'est une petite mosquée de quartier, gentille et bien proprette; rien, si ce n'est la coupole, n'y rappelle le temps des Seldjoukides.

INDJÉ-MINARÉLI-MÉDRESSÉ.

C'est là que repose le maître vénéré de Djélâl-eddin Roûmi. La vie de Chems-eddin Mohammed ben ali ben Melekdâd Tébrizi est toute de légendes, et celles que l'on connaît nous ont été transmises par Djélâl-eddin ou par son fils Sultan-Wéled. Le premier aurait dit de lui : « Les savants en science extérieure connaissent ce qui concerne le Prophète; mais Chems-eddin sait les secrets de

Mohammed. » Ce fut un voyageur qui parcourut toute la terre habitable. Il était toujours vêtu de feutre noir.

On rapporte que Chems-eddin s'était rendu en un seul jour de Césarée à Ak-Séraï, et qu'il était descendu dans une mosquée de cette ville. Après la prière du soir, le muezzin de la mosquée l'aperçut et se mit en colère, en lui intimant l'ordre de sortir.

PORTAIL DU SYRTCHALY-MÉDRESSÉ.

« Je suis étranger, dit Chems-eddin, excuse-moi ; je ne désire rien : laisse-moi me reposer. » Le muezzin, par impolitesse et par stupidité, lui donna un soufflet et le maltraita fort. « Que ta langue soit figée ! » dit le derviche ; et aussitôt la langue du muezzin se figea.

Chems-eddin sortit et se mit en route pour Konia. L'imam de la mosquée survint et aperçut le muezzin agonisant. Lorsqu'il l'interrogea sur ce qui s'était passé, le muezzin lui fit comprendre par gestes que c'était le derviche qui l'avait réduit à cet état. L'imam partit sur les traces de Chems-eddin, et, l'ayant rencontré sur les bords du fleuve Kalkal, il se prosterna et le supplia instamment en lui représentant que le muezzin était un pauvre homme, qu'il n'avait pas reconnu la sainteté du personnage auquel il avait eu affaire; bref, il présenta toutes sortes d'excuses. « L'ordre divin a exécuté mon jugement, dit le derviche; mais j'invoquerai Dieu pour qu'il aille en sécurité et ne soit pas éprouvé par le châtiment de la vie future. » L'imam fut tout joyeux et devint sincèrement disciple du maître; mais jusqu'à son retour, le muezzin était mort.

Un jour, passant à Bagdad devant la porte d'un palais, il entendit le son d'un instrument de musique. Il entra pour écouter un instant. Le maître de la maison, qui était entièrement ignorant des secrets des mystiques, fit signe à un domestique de frapper le derviche pour qu'il partît. Le domestique tira son sabre et se précipita : aussitôt sa main fut paralysée. Le maître donna le même ordre à un autre domestique; la main de celui-ci resta en l'air et se dessécha. Pendant ce temps Chems-eddin était parti tranquillement; personne ne put le rejoindre. Le lendemain, le maître de la maison quitta ce monde pour demeurer dans l'enfer éternel.

Chems-eddin était assis une fois à la porte du collège où il enseignait. Tout à coup un bourreau vint à passer. « Cet homme est un saint, dit le derviche. — Mais non, répliquèrent ses amis, c'est le bourreau du gouvernement. — Mais si, reprit-il, parce qu'il a mis à mort un saint, l'a par conséquent délivré de sa prison corporelle et l'a fait échapper de la cage où son âme était retenue; en récompense, le saint l'a gratifié de son état de bienheureux. »

Une nuit, Chems-eddin et Djélâl-eddin Roûmi conversaient ensemble, sur la terrasse du collège, dans un pavillon isolé. Il y avait un clair de lune splendide, les habitants s'étaient endormis sur les terrasses de leurs maisons. Chems-eddin se tourna vers son voisin et lui dit : « Les malheureux, ils sont tous comme des morts; ils ne se soucient pas de Dieu et l'ignorent. Je désire que, par l'usage des faveurs sans fin qui t'ont été concédées par la divinité, tu les ressuscites, pour qu'ils participent quelque peu aux bienfaits de cette nuit magnifique. » Djélâl-eddin se tourna vers la direction de la Mecque et prononça l'invocation suivante : « Souverain du ciel et de la terre, en considération du pur mystère de notre maître Chems-eddin, éveille-les tous. » Aussitôt un nuage énorme sortit des régions mystérieuses de l'inconnu, les éclairs brillèrent et le tonnerre gronda. Il tomba une telle pluie que personne ne put rester sur les terrasses et que chacun s'enfuit en rassemblant ses vêtements. Chems-eddin, pendant ce temps, souriait doucement : il était content.

Reprenons notre course à travers la ville, pour joindre enfin, par les bazars presque déserts, la pyramide bleue que nous voyons depuis notre arrivée. Comme nous l'avons déjà dit, une allée droite, bordée de boutiques basses en pisé, couvertes de grosses poutres de bois ni équarri ni peint, supportant la terrasse, un simple rez-de-chaussée, sur la rue tirée au cordeau, à ciel ouvert, tel est le bazar de Konia : misérable entrepôt d'une ancienne capitale déchue, restée chef-lieu de province parce qu'elle a le bonheur de posséder le fondateur de l'ordre des derviches tourneurs. Nous franchissons rapidement cet amas de boutiques pour arriver au *turbé* de Djélâl-eddin.

Une entrée étroite fermée par une légère grille à hauteur d'appui, que l'on pousse sans effort (installation de la plupart des dervicheries de Constantinople), laisse pénétrer sur un parvis de marbre divisé en allées étroites par de petits jardins. Tout autour, des loges vitrées, décorées en salons turcs, munies de sofas bas, de miroirs et de pots de fleurs, servent d'appartement de réception. C'est là que nous reçoit le vicaire du Tchélébi ou grand prieur des derviches, remplaçant son chef qui prenait des bains d'eau thermale à Ilghin, et que nous n'avons pas pu voir. Tout cela est fraîchement décoré et propre; les peintures sont même un peu criardes; on aimerait à trouver de ces vieilles peintures sur bois, fruits, fleurs ou paysages fantastiques, comme dans les anciennes maisons de Damas, mais il n'y en a point de trace; contentons-nous de déguster la boisson sucrée offerte par les derviches, en devisant avec le directeur des finances de la province, un Crétois que son accent fait aisément reconnaître comme d'origine grecque. Puis c'est le moment de visiter le mausolée.

A l'extérieur, ce n'est guère qu'une mosquée turque comme on en a vu tant à Constantinople, à Brousse et ailleurs, fortement crépie à la chaux, quelque peu réchampie de jaune dans les parties ombrées. Mais l'intérieur est caractéristique. Voici d'abord deux grandes salles de danse qui se suivent, parquet en bois blanc bien égalisé, tout autour des balustrades peintes en blanc pour les spectateurs; enfin le théâtre classique des ébats des derviches tourneurs, comme on en voit dans tout l'Orient, mais ici de proportions plus vastes, plus grandioses, comme si des troupes entières coiffées du bonnet de feutre brun clair allaient s'élancer en cadence au son du *nâï* (la flûte de roseau). La porte du fond s'ouvre, et nous entrons dans une vaste nef assez sombre qui s'étend parallèlement aux salles de danse. Cette nef est divisée en deux parties, un long couloir passablement large où le visiteur peut se promener à l'aise, et puis, derrière une grille ouvragée, une foule de tombeaux musulmans revêtus d'étoffes et comme habillés, avec des bonnets de feutre de toute grandeur et de toute forme qui semblent donner la vie à cette masse de monuments de marbre. C'est là que repose toute la lignée des grands prieurs de l'ordre des Mevlévis, depuis Djélâl-eddin Roûmi, le poète moraliste de Balkh, fixé auprès de la cour des Seldjoukides, et son fils Sultan-Wéled, poète lui-même, jusqu'au père du Tchélébi actuel. C'est là aussi que l'on saisit, comme un trait de lumière, cette vénération constante de la famille d'Osman pour la famille du poète persan, et pourquoi c'est encore aujourd'hui le Tchélébi qui ceint le sabre au souverain constitutionnel des Ottomans, lors de la cérémonie de l'intronisation de la mosquée d'Eyyoub à Constantinople, en souvenir de ce drapeau et de ce tambour que les ancêtres du padischah de Stamboul reçurent jadis, comme signe d'investiture, de la part des souverains d'Iconium...

On comprend alors le culte du souvenir qui s'attache au lieu où reposent les cendres de l'auteur du *Mesnévi*, sauvant la ville de Konia de l'oubli et de la ruine complète.

Comme l'on sait, Djélâl-eddin Roûmi était né à Balkh, dans l'Asie centrale, non loin des rives de l'Oxus, le 6 Rébi 1er 604 (30 septembre 1207). La légende prétend que déjà, à l'âge de cinq ans, il jeûnait trois ou quatre jours de suite. Quoi qu'il en soit, il était formé à une rude école par son père Béhâ-eddin, qui a laissé, dans le monde musulman, la réputation d'un saint. A quatorze ans, son père l'emmenait avec lui faire le pèlerinage de la Mecque, et c'est à son retour de ce pieux voyage qu'Alâ-eddin Kaï-Kobâd les fit venir tous deux à Konia. Béhâ-eddin mourut dans cette ville en 631 (1233-34), pendant le long règne d'Alâ-eddin. Quant à Djélâl-eddin Roûmi, c'est en 672 (1273-74) qu'il rendit son âme à Dieu, après avoir laissé à la littérature persane deux chefs-d'œuvre, le *Mesnévi*, ou poème rimé deux à deux, et son *Diwân*, ou recueil de poésies diverses (1).

Si Béhâ-eddin avait de bonne heure habitué son fils à des pratiques dévotes et à des contemplations mystiques, c'est néanmoins à un autre personnage que le rattache sa filiation mystique : c'est à Chems-eddin Tébrizi, dont le tombeau est encore vénéré à Konia, ainsi que nous l'avons vu. Il y a de nombreuses versions, toutes légendaires, sur l'épisode de la rencontre de Chems-eddin Tébrizi et de Djélâl-eddin; nous n'en retiendrons, pour l'histoire, que ce seul fait, c'est que cette rencontre eut lieu à Konia même, à une époque où déjà Djélâl-eddin jouissait de la plus haute répu-

(1) Djélâl-eddin est le prophète du panthéisme oriental, ou, comme l'appellent souvent les Persans, « le rossignol de la vie contemplative ». Son *Mesnévi*, le chef-d'œuvre poétique le plus admiré après le *Chah-nameh*, prêche le *soufisme*, c'est-à-dire la doctrine du panthéisme parfait, l'universelle émanation de la lumière éternelle et increée, l'union avec Dieu dans la voie de la contemplation par l'indifférence à toute forme extérieure et par l'anéantissement du moi. Ce panthéisme n'est nullement ascétique, mais jaillit du cœur comme une hymne de joie et absorbe en lui dans ses transports enivrants provoqués par ce frémissement de la danse tout ce qui est souverainement beau. Et c'est cette ivresse de la contemplation qui se traduit dans les effusions lyriques de Djelâl-eddin, le mystique le plus séduisant, le plus digne d'amour qui ait jamais paru sur la terre.

tation de sainteté. L'auteur du *Mesnévi* était rompu depuis longtemps aux obscurités de la philosophie mystique de la Perse, lorsque la connaissance qu'il fit de Chems-eddin donna une forme définitive à sa doctrine et surtout aux pratiques de dévotion qui en sont, pour des yeux étrangers, la forme la plus apparente, c'est-à-dire cette pratique bizarre qui a valu un renom universel

MOSQUÉE DE SAHIB-ATA, A KONIA.

aux élèves du grand saint de Konia, les derviches tourneurs. L'Européen qui voyage en Orient, soi-disant pour s'instruire, et en réalité à la poursuite de sensations pittoresques qu'il ne trouve plus dans un continent uniformisé et vieilli, ne connaît guère de ces religieux que les séances de valse à six pas qu'ils ont accoutumé de donner au public, deux fois par semaine. Il paraîtra toujours étrange que des religieux cherchent une inspiration divine dans l'étourdissement produit par un tournoiement continu; mais si l'on songe que certaines sectes chrétiennes, comme les *shakers*, n'ont pas hésité à chercher cette inspiration dans un tremblement et des agitations; que les confréries musulmanes, devenues si puissantes dans le nord de l'Afrique, ont recours, dans le même but, à des rites plus sauvages et plus barbares, on reconnaîtra, dans la valse des derviches tourneurs, une pratique au moins innocente, qui n'a jamais soulevé le fanatisme de ses adeptes et dont le principal usage est aujourd'hui de récréer les yeux des curieux.

N'est pas Mevlévi qui veut. « Il y a dans cette confrérie, dit le biographe de Djélâl-eddin Roûmi, cette règle que lorsque quelqu'un désire y entrer, il doit servir ses futurs confrères pendant mille et un jours (ce qui fait environ deux ans et neuf mois), de la façon suivante :

40	jours,	pansage des quadrupèdes ;
40	—	balayage pour les pauvres ;
40	—	tirer de l'eau ;
40	—	étendre les matelas ;
40	—	faire le bois ;
40	—	faire la cuisine ;
40	—	faire le marché ;
40	—	service de l'assemblée des derviches ;
40	—	inspection;

et ainsi de suite en recommençant jusqu'à ce que le temps fixé soit accompli. Si le novice manque un seul jour à l'observation de cette règle, il est obligé de recommencer. Lorsque le terme est arrivé, on lui donne l'ablution du repentir de tous les péches, on le revêt de l'uniforme du couvent, on récite sur lui le nom de Dieu, on lui donne une cellule pour s'y reposer et y faire ses dévotions, on lui enseigne la voie des exercices pieux et du zèle; il reste ainsi occupé jusqu'à ce que la pureté se manifeste dans son intérieur », c'est-à-dire selon toute évidence, jusqu'à ce qu'il se croie en relation directe avec la divinité par le moyen de la valse, de la méditation et de la musique.

Oui, de la musique. Car les derviches tourneurs sont essentiellement musiciens. Leur *zikr* (en Algérie *dikr*) ou réunion pour les exercices pieux s'appelle plus volontiers *simâ* (musique); et s'il est vrai que la musique adoucit les mœurs, on n'en saurait citer de meilleur exemple que celui des disciples du derviche poète de Balkh. Quoi de plus mélancolique que le début du *Mesnévi*, où le poète, selon l'habitude des *Soufis* de Perse, décrit en termes figurés la tristesse de l'âme séparée du grand Tout, et cherchant à l'atteindre de nouveau à travers les accidents de l'Être, qui l'égarent sans cesse :

« Écoute la flûte de roseau, ce qu'elle raconte et les plaintes qu'elle fait au sujet de la séparation : depuis que l'on m'a coupée, dit-elle, dans les roseaux des marais, hommes et femmes se plaignent à ma voix. Mon cœur est tout déchiré par l'abandon ; c'est pour que je puisse expliquer les chagrins causés par le désir. Toute personne qui reste loin de son origine cherche le temps où la réunion s'opérera de nouveau.

« C'est pour une assemblée que je pousse mes plaintes; je suis la compagne des heureux et des malheureux... Cette voix de la flûte, c'est du feu et non du vent; qui n'a point ce feu, puisse-t-il ne pas exister! »

La mélancolie ne pousse guère à l'action. Les doux Mevlévis, tout occupés de leur danse sacrée, ne portèrent jamais ombrage au pouvoir politique et n'ont jamais suscité d'inquiétude, ni dans les conseils de la Porte, ni chez les puissances que l'on a tenté d'appeller musulmanes parce qu'elles ont un grand nombre de sujets fidèles à l'islamisme, comme la Russie, l'Angleterre, la France, les Pays-Bas. Néanmoins le *Tchélébi*, prieur en chef de tous les derviches tourneurs et descendant direct de Djélâl-eddin Roûmi, joue encore aujourd'hui un rôle dans les cérémonies officielles de l'empire ottoman : c'est lui qui a l'insigne honneur, lors de l'intronisation des souverains de la famille d'Osman, de ceindre au Sultan le sabre dans l'inviolable mosquée d'Eyyoub, à Constantinople.

La réputation de sainteté de Djélâl-eddin Roûmi est fondée sur des miracles; on trouve, dans le *Ménâkibi-Chérif*, une foule d'anecdotes qui tendent à établir cette renommée; cet ouvrage est la *Légende dorée* des derviches Mevlévis. Nous permettra-t-on d'extraire de ce manuscrit persan un petit nombre de ces récits, qui jettent un jour curieux sur les origines de l'ordre des derviches tourneurs?

L'épouse de Djélâl-eddin, Kira-Khatoûn, la plus pure d'entre les femmes de son époque, raconte ce qui suit : « Le Maître, un jour, pendant l'hiver, était assis avec Chems-eddin Tébrizi en conférence secrète; il était accoudé sur les genoux de Chems-eddin, et moi, tout étonnée, j'écoutais pour entendre ce qu'ils diraient. Tout à coup je vis le mur de la maison s'ouvrir et six individus entrer avec respect, saluer et déposer un bouquet de fleurs devant le Maître. Ils restèrent assis jusqu'à l'heure de la prière de l'après-midi, sans qu'un mot fût prononcé. Le Maître fit signe à Chems-eddin qu'il était temps d'accomplir le rite de la prière, et qu'il devait remplir les fonctions d'imam. « Quand vous êtes présent, « dit Chems, nulle autre personne ne doit remplir ces fonctions. » Djélâl-eddin présida donc à la prière. Quand celle-ci fut terminée, les individus qui avaient apporté le cadeau se levèrent et sortirent par l'ouverture du même mur. Quant à moi, pleine d'effroi, je m'évanouis. Lorsque je revins à moi, je vis le Maître sortir et me remettre ce bouquet en me recommandant de le conserver. J'en envoyai quelques feuilles à la boutique d'un droguiste; on me répondit qu'on n'avait pas encore vu cette espèce de fleurs, avec tant de fraîcheur, de coloris et de parfum. Tout le monde resta étonné et se demanda d'où, en hiver, on avait pu apporter de pareilles fleurs. On dit que le Maître conserva ces feuilles jusqu'à son dernier souffle; et que, si quelqu'un avait mal aux yeux, il frottait une feuille sur la partie malade et la guérissait. Le coloris et le parfum de ces fleurs ne changèrent jamais. »

Il n'y a point de doute que les six personnages mystérieux ne fussent des anges, et que les fleurs ne provinssent en droite ligne du paradis.

Cl. Huart.

LION PHRYGIEN DANS LA COUR DE LA SALPÊTRIÈRE, A KONIA.

www.ingramcontent.com/pod-product-compliance
Ingram Content Group UK Ltd.
Pitfield, Milton Keynes, MK11 3LW, UK
UKHW012125240726
13965UKWH00005B/1971